Dorothea Reinecke

Seen flüstern

Kleinigkeiten und literarische Bilder

Ich danke allen, die dieses Buch ermöglicht haben.

Dorothea Reinecke

Seen flüstern

Kleinigkeiten und literarische Bilder

Bibliographische Informationen der Deutschen Nationalbiblio-
thek
Die deutsche Nationalbibliothek verzeichnet diese Publikation
in der Deutschen Nationalbibliographie; detaillierte bibliogra-
phische Daten sind im Internet über http://dnb.d-nb.de abrufbar

1. Auflage 2009
Copyright © 2009 by Dorothea Reinecke
Umschlagbild: Jörg Töpfer
Herstellung und Verlag: Books on Demand GmbH, Norderstedt
ISBN 978-3-8391-2834-3

Inhalt

(In Klammern: Textanfänge der Texte ohne Titel)

Dazwischen bin ich ganz.
Dazwischen bin ich alles
was ich vorne und hinten
rechts und links
nicht bin.
Dazwischen bin ich Baum und Stern.
Dazwischen bin ich Ort und Stein.
Dazwischen bin ich Wasser.
Dazwischen bin ich die
die wächst.

Selina kam zu mir. In einer Mondnacht.

Kalt und schweigend stand sie vor mir.

Ich stand auf und fröstelte.

Auf einmal wurde sie warm. Sie begann zu leuchten.

Worte stiegen in mir auf.

Mondworte.

Als sie wieder dunkel wurde

und kühl.

Hatte ich den ganzen Nachtraum mit Mondworten

gefüllt.

Selina antwortete mir.

Sie berührte die Nacht.

Da begann die Nacht zu singen.

Sie lachte und lachte
und Steine
fielen
aus ihren Haaren.

Licht und Schatten
in der Suppe
Wenn ich sie rühre
vermengen sie sich
und werden
Geschmack.

-ich öffne das Fenster-

Eilige Schritte. Sie bleiben stehen.

Was will sie von mir?

Gleich wird es klingeln.

Ich stehe schon auf.

Bin langsam geworden.

Da klingelt es.

Bis zum Fenster ist es weit.

Am Sessel vorbei.

Am Aquarium. Ich klopfe einmal dagegen. Sie muß sowieso warten.

Endlich beim Fenster.

Warum geht dieser Riegel nicht?

Hallo? Ich muß erstmal Luft holen.

Hallo?

Die Frau tritt zurück. Ich sehe sie. Sie trägt einen gelben Schal.

Bei dem warmen Wetter.

Ich bin deine Tochter, ruft sie.

Ich nicke.

Was wollen Sie?

Ich bin deine Tochter.

Ich richte mich auf.

Hören Sie auf damit.

Ich will das Fenster schließen.

Mir kommen die Tränen.

Meine Flucht- damals. Meine Tochter.

Ich öffne das Fenster wieder ganz.

Meine Tochter? rufe ich.

Ich bin heiser.

Sie nickt.

Nickt nochmal.

Ich bin Irmtraut.

Mir ist ganz schwach. Meine Beine zittern.

Irmtraut.

Ich hatte sie verloren.

Die Flucht. Der Winter. Mein kleines Mädchen.

Ich hebe meine Hand. Ich will das Mädchen berühren. Das kleine.

Ich habe es verloren. Ich gehe zum Sessel. Ich muß sitzen.

Mama? Mama!

Das kleine Mädchen schreit.

Es hat Hunger.

Ich stehe auf und gehe zum Fenster.

Wieder ruft sie.

Ich bin nicht deine Mama. Ich schließe sorgsam das Fenster.

Bleibe stehen. Sehe sie gehen.

Sie ist nicht meine Tochter.

Meine Tochter-, ich öffne das Fenster,- meine Tochter ist auf der Flucht verloren gegangen.

Regen in Rohren.
Glucksend holen sie Luft
und atmen wieder dunkle Luft aus
und helle Luft ein
Nachts ist es Mondluft
manchmal

Rollen
durch die Räume.
angefüllt mit Lärm.
überall nur gegenklingeln.

ordnet neu
den Lärm
zu Tönen.

rolle
rolle-
bleib
im Rollen
dreh dich
farbig wirst du erst
im Leben.
Und das Leben wird nur groß
durch Farben
die du sammelst.
Also rolle.

Ein Wetter zog durch die Lande
schaufelte sich Wolken
in den Himmel.
Dann nahm es den Wolken das Licht
und tat es
in die Rosen.

Menschenwolken ziehn vorbei
und lassen es Worte regnen.
Der Wind trocknet die Worte
Spröde zerbrechen sie.
Die Steine nehmen geduldig
den Wortstaub in ihre
Fugen auf.
Du hörst
sie flüstern.

Im Hain darf nichts gebrochen werden.
Bäume geben dem Licht seinen Weg.
Wenn du die Bäume läßt
läßt du das Licht.

Warum sterben Menschen
immer früher als sie müssen
warum warten Menschen
vergeblich auf den Tod.
In beide Fragen
spricht die Einsamkeit der Menschen
ihren Hauch hinein.
Ohne diesen Hauch
wär der Mensch kein Mensch.

Er tanzte wie Sonnenlicht

Sie hatte einen Traum. Doch als sie ihn aufschreiben
wollte, war er verschwunden. Einfach fort.
Sie suchte ihn überall, auf dem Fußboden, unter dem
Schrank, in den Ecken, bei der Spüle. Selbst in die
Löcher vom Wasserhahn sah sie.
Aber er blieb verschwunden. Einige Tage.
Sie hatte aber das Gefühl, daß er trotzdem in den
Räumen war. Aber sie konnte ihn nirgends
entdecken.
Bis-, ja bis Tante Elfriede anrief.
Da war er auf einmal da. Tanzte wie Sonnenlicht an
der Wand umher.
Sie griff ihn sich, fing ihn einfach ein, tat ihn in eine
Glaskaraffe, machte den Deckel fest zu und sah ihn
sich immer wieder an.
Er verblaßte nach und nach.
Als sie den Deckel irgendwann öffnete, weil sie
dachte, der Traum wäre ganz verblaßt und nicht
mehr da, seufzte der Traum und flog unsichtbar und
zu Ton geworden, unhörbar durch die Wohnung,
durch ein offenes Fenster in einen winterkahlen

Baum hinein. Da hängt er noch heute und pfeift mit
dem Wind zusammen im Sturm. Siehst du ihn?

Der Schneemann
kommt im Sommer
immer dann
wenn Schnee
in mir
stäubt
und Frost
meine Hände starren läßt
er bringt
die Sonne
wieder

Steine und
Bilder
ineinander
verschlungen
der Bildhauer
gibt ihnen
die klare
Gestalt wieder
dem Stein
und dem Bild.

Einsamkeit
sie sucht sich
Bahnen
Sie zeigt sich in
meinen Träumen
Sie steht an Gleisen
die irgendwohin führen

Etwas ist geworden
etwas groß und klein
ein Grashalm in der Sonne
Ein Halm
Beschienen auch
vom Mond

Etwas ist geworden
etwas, groß und klein.

Der Mann ohne Gesicht

Seit er mich anrempelte, sehe ich ihn nicht mehr, nur noch was er anhat, nicht mehr sein Gesicht.

Auch seine Hände sehe ich nicht mehr, nur noch seine Kleidung. Seine Schuhe.

Aber wo sein Gesicht ist, ist Leere.

Es ist seltsam.

Ich habe es zwei Leuten erzählt. Der eine sagte, ich solle zum Psychologen.

Und ihm- ihm habe ich es erzählt.

Ich habe es einfach in diese Leere reingesagt.

Er streckte den Arm aus und wollte mich berühren, aber es ging nicht.

Er erschrak, ich sah es, weil er zusammenzuckte und einen paar Schritte rückwärts ging.

Ich habe nur ganz ruhig gestanden und auf seine Sachen gestarrt.

Er sagte etwas. Ich verstand es kaum.

Es war so verzerrt.

Ob ich ihn je wieder sehen kann?

Er hat es nicht mit Absicht gemacht. So schrieb er auf einen Zettel. Seine Schrift konnte ich lesen.

So schrieben wir uns jeden Tag.

Manchmal meine ich, die Stelle, wo sein Kopf ist, ist ein wenig wie ein Gesicht, nicht mehr ganz so leer. Aber ich bin mir nicht sicher.

Purpurnes Licht
dick aufgetragen
auf meine
Stulle
nährt mich
mit Morgensonne
unter dem
beginnenden
Tag.

Exzellenter Grüntee

Aus blauem Glase sind alle meine Tassen, denn ich bin nur exklusiv zu haben.

Wer mich kriegt, muß mindestens ein Künstler sein. Ich werde ihm dann Tee kochen und auf einem Tablett servieren und wichtig sein.

Das muß er wissen.

Wenn ich ihm den Tee bringe in meinen blauen Glastassen, dann bin ich unentbehrlich.

Denn wer serviert ihm denn schon Tee in blauen Glastassen?

Außer mir?

Deshalb werde ich einen Künstler heiraten. Und er mich.

Blaue Glastassen hat keiner. Außer mir. Er wird etwas Besonderes sein.

Ja, er muß Tee trinken, Kaffee kommt mir nicht ins Haus. Das ist nicht exklusiv genug.

Und auch ein Künstler, der Kaffee trinkt ist nicht nach meinem Geschmack.

Außerdem: Wie sieht das aus, Kaffee in blauen Glastassen.

Ich habe hier einen exzellenten Grüntee.

Er wird sich die Finger danach ablecken, der, der zu mir zieht.

Pünktlich um zehn Uhr früh bringe ich ihm den Tee und ein paar Kekse dazu.

Ich bekomme sie extra geliefert.

Es sind ganz feine und ganz seltene Teekekse, aus Brasilien.

Sie sehen schon, ich bin auf ihn eingestellt.

Auch sein Zimmer ist schon eingerichtet. Es hat viel Licht.

Eine ausgewählte Bibliothek für einen exzellenten Geschmack steht ihm zur Verfügung.

Er wird es sehr gut haben bei mir.

Ich muß ihn nur noch treffen.

Kennen Sie nicht jemanden, der seinen Tee aus blauen Glastassen trinken müßte?

Wahrheiten von der Stange

Ich sah ein Reh
im Negligé
da dacht ich: nee
das gibt es nicht
das kann nicht sein.

Jetzt bin ich dran gewöhnt
ans Werbe-Reh
im Negligé
Jetzt ist es wahr für mich

Aufgehoben im Sternenbrunnen

Pflücke dir doch einen Stern.

Die Ziege wies mit ihrer Klaue auf die blauen und gelben Sternenenblumen, die vor uns an halblangen Stengeln auf einer Sternenwiese wuchsen.

Dann schmeißt du die Blume in das Sternenloch mitten in der Wiese. Und dann sieh, was passiert.

Wenn du Glück hast, blüht die Blume auf und bleibt Jahrzehntelmillionen Jahre am Himmel und blüht und blüht.

Ich berührte die Ziege leicht an den Hörnern.

Da pflückte sie selbst die Sternenblume und trug sie zu dem Sternenloch.

Gemeinsam sahen wir zu, wie die Blume aufblühte, rot und blau, dann gelb und wieder rot.

Die Ziege und ich, wir sahen lange in das Loch und schauten den blühenden Sternen zu.

Als die Ziege sich mir zuwandte, sah ich in jedem ihrer Augen einen winzig- kleinen Stern.

Komm, sagte sie.

Dann flog sie davon.

Ich folgte ihr.

Meine Flügel trugen mich und der Weg, den ich flog, wurde hinter mir dunkel.

Ich war gerne Nachtvogel und jeden Abend bat mich die Ziege mit immer den gleichen Worten, eine Sternenblume zu pflücken und den Stern in den Himmel zu schmeißen..

Und jede Nacht berührte ich dann ihre Hörner, ganz sanft.

Und lange sahen wir den Blumen im Sternenloch beim Blühen zu.-

Ich, der Nachtvogel.

Ich werde ewig leben.

Wie meine Freundin, die Ziege, die jeden Abend mit einem funkelnden winzigen Stern in jedem Auge vor mir her flog.

Weg von der Wiese, hin zu dem großen Sternenbrunnen. Dort schaut sie hinunter, die Ziege.

Und ich stehe neben ihr. Der Brunnen wird dunkel.

Und nach langer Zeit unseres Schauens fallen der Ziege die Sterne aus den Augen in das alte tiefe Wasser.

Dort sind sie für immer aufgehoben.

Und dann beginnt ein neuer Tag.

Zivilisation ist eine Decke, die nicht wirklich wärmt,
dachte er und zog die Zeitung über sich zurecht.

Kehre ich wieder
auch wenn du-
über dir Mauern
den Schein noch immer
nicht ahnst?
Ich künde dir
selbst voller Glanz
nie von den Mauern

Er hatte die ganze Nacht auf dem Feld verbracht. Hatte im Mondschein gearbeitet- gepflanzt und gesät.

Im ersten Morgenschein sah er sich seine Pflanzen an. Kniete nieder. Oder er hockte sich hin.

Diese kleinen Pflänzchen. Die hatte er gesetzt.

Immer eine Reihe gesät, eine Reihe gepflanzt. Viele Tage lang.

Nun standen sie hier, an ihrem neuen Wuchsort. Und sahen wie er den ersten Morgensschimmer.

Sie, die so empfindlich sind für Licht.

Er pustete an die Pflanzen. Ganz sacht. Sie bewegten sich leise. Seine Finger tippten sie an.

"Na, nun wachst auch."

Er stand auf. Rieb sich die Erde von den Händen und lächelte dem sachten Himmelsrot entgegen.

Dann ging er nach Hause. Schlafen.

Seine Pflanzen aber wuchsen.

Und Monate später hatten das Licht, der Boden und der Regen sie groß gemacht.

Erwachsene Pflanzen stehen nun auf dem Feld:

Immer eine Reihe Gelbgrün, eine Reihe Dunkelgrün.

Er, der Mann, ist gestorben. Die Pflanzen stehen auf dem Feld. Sie bewegen sich im Wind.

Im Wasser
ist heute mehr Sonne
als am Himmel

Das Gift

Es stimmt, ich hätte meinen Bruder nicht vergiften sollen.

Aber es hat mich geärgert, wie er immer die Zahnpastatuben hingelegt hat. Nicht so, wie ich, in den Schrank, ordentlich weggeräumt. Nein, er mußte sie immer auf dem Waschbeckenrand liegen lassen. Und dann seine Klamotten. Überall lagen die rum. Ich konnte niemanden mehr in die Wohnung lassen.Wenn ich mal alles weggeräumt hatte- prompt lagen seine Sachen wieder da. Erst hier eine Hose, dann da sein Rasierzeug, dann unter dem Stuhl sein weißes Hemd und der Schlips hing über der Klospülung.

Nein, das war mir zu verrückt. Da mußte Gift her. Immer ein paar Tropfen in seine wochenlang unabgewaschene Tasse. Das fiel eh nicht auf, weil dort immer irgendwelche mehr oder weniger flüssigen Reste in der Tasse drin waren.

Selbst, wenn das Gift einen Geschmack hatte, ihm ist bestimmt nichts aufgefallen, bei der Getränkemischung! Sie fragen, warum wir zusammenlebten, zwei erwachsene Geschwister? Ja, da muß doch etwas faul gewesen sein, sagen Sie sich.

Nun ja, Herr Psychiater. Jemand mußte doch auf meinen Bruder aufpassen und ihm helfen, sein Zeug wegzuräumen. Wer, wenn nicht sein älterer Bruder? Ich mußte sowieso schon als Kind auf ihn achtgeben. Da machte es mir gar nichts aus, auch später noch für ihn aufzuräumen.

Aber das nahm ja überhand, Herr Psychiater, überhand. Ja, das nahm es. Ich konnte mich ja nicht mehr wohlfühlen in der Wohnung. In der eigenen Wohnung! Sie war ja schon ein Stall!

...Was sagen Sie? ... Ausziehen? Und wer hätte dann meinem Bruder die Wohnung in Ordnung gehalten?

Stille

Die Granate explodierte. Dann war alles still. Der aufgewühlte Sand roch nach Erde. Die Grillen zirpten wieder. Die Schwalben schwirrten.

Aber der Mensch da.

Er hatte auf der Erde gelegen.

Der Mensch. Dem die Granate galt. Er war in Uniform. Ein Soldat mit Gewehr.

Der war jetzt zerrissen.

Der Soldat würde keinen mehr töten.

Der Mensch würde keinen mehr lieben.

Die Ohren waren zu.

Die Hände griffen nicht mehr in die Erde.

Essen und trinken.

Er hatte keinen Bauch mehr, der Mensch.

War er dann noch ein Mensch?

Ja, ein zerrissener Mensch. Zerrissen.

Ich werfe nie wieder eine Granate.

Sie zerreißt die Menschen.

Nicht die Soldaten.

Mir wird eng.

Meine Uniform wird mir eng.

Ich habe ihn zerrissen.

Ich habe die Erde zerrissen. Mit meiner Granate.

Meine Granate und ich sind eins.

Meine Uniform.

Meine Uniform ist mir zu eng.

Ein Mensch paßt da nicht rein.

Ich will keine Granate mehr sein.

Klein. Zart. Blau.

Er hatte eine Blume geschenkt bekommen. Sie war klein, zart. Blau.

Nun saß er da und sah sie an. Er lächelte. Dann seufzte er. Sie stand in einer Glasvase auf dem Tisch. Er berührte sie mit dem Finger.

Als es klingelte, zuckte er zusammen. Ich bin so selten allein, dachte er, und gerade jetzt muß jemand kommen.

Er stand auf und ging zur Tür.

Er öffnete. Draußen stand ein Zebra.

Er stutzte. Das Zebra hatte einen Hut auf. Dann hörte er es kichern, das Zebra.

Nein, es war nicht das Zebra.

„Das Zebra ist nicht echt", sagte eine Kinderstimme. „Sie brauchen nicht zu erschrecken."

Das erste, was er von den Kindern sah, waren ein schwarzer und ein brauner Haarschopf.

„Es ist aus Pappe, selbst gebastelt." Der Mann sagte nichts. Die Kinder kamen die Treppe herauf.

„Na, da habt ihr euch ja einen Streich ausgedacht."

„Ja, sagte das Mädchen, wir erschrecken die Leute."

„Na, erschreckt habt ihr mich nicht. Aber ich habe mich gewundert, daß da ein Zebra vor der Tür steht."

Er lachte. Die Kinder lachten mit. Dann nahmen sie das Zebra unter den Arm und gingen ein Stockwerk höher. Der Mann sah ihnen nach.

Dann machte er die Tür zu und ging wieder zu seiner Blume.

Der Tümpel
nährt sich
von Schönheit.
Wolken spiegeln sich
in ihm.

Seen
flüstern an ihren Ufern
von ihrer Tiefe.

Grüßen tue ich dich.
Über gesteppte Wolkenbetten
in denen der Adler
bis in den Tag hinein
schläft
Statt zu fliegen.

Kleine Stadt
am großen Meer.
Wind durchfließt
die kleine Stadt.

Der Horizont leuchtet über dieser Stadt

in den Wolken
und fliegt im Wind davon.

Kinder springen im Schaum
unserer Eile
Bewerfen sich mühsam mit dem Licht
unserer Liebe
Streiten mit den Spatzen
unserer Hektik

Wann geht der Mond
wieder erst
am Abend auf?

Räume ich Träume
schon morgens fort?
Oder begleiten sie mich
still an meiner Hand
durch die Stille des Tags
bis in meine Mitte?

Jung
durchstreife ich
die Wälder
in Städten bin ich
ururalt
und auf den Feldern
ruhe ich mich
aus.

Warum berührt
eine einzelne Blume nie den Wind
ohne das er
für immer
der Wind
der Blume ist?

Wann muß ich
mit dir rechnen?

Auch, wenn meine
Zahlen alle nicht
zusammenpassen?

Auch wenn ich
verlegen nach der
Sieben suchen muß?
Während du deine Zwölf
freudestrahlend vor mir ausbreitest?

Auch wenn ich müde
über alle meine Dreien stolpere? die langsam
durch mein Leben wachsen?
Weine nicht- küß mich.

Wenn ich den Rasenmäher
in Farben verwandle
in grün und
blau

dann kann er
keine Blumen
mehr mähen.

Oben drüber
schnell rieselnd
die Lügen

unten aber
wohnt ewig
die Wahrheit

Liebe zieht mir das Herz
in die Erde zurück
und ich kann wachsen.

Distel
Du breitest dich
in der Sonne aus.
Du fängst Sonne
für deine Stacheln.

Die Pusteblume sieht aus
als hätte jemand reingebissen
und biß ein Stück ab
Aber wer ißt schon Pusteblumen?

Jubeljahre
voller Trauer
Tränen gespickt
in Schlagsahne
mit Zimt
aber ohne Zucker
in Sonne getunkt

Grasend geh ich durch mein Leben
ich der freie Esel
Rufe mein
Ia-Ja
dem Leben zu

Jährlich
reihen sich die Tage
in den Herbstreigen
verneigen sich voreinander
und schlafen
behütet von der Sonne
den Traum
vom nächsten Jahr
wach.

Reben
zermalmen
mit ihrer Kraft
die Sonne
und die Trauben
werden süß

Zähne vom Löwen
wachsen auf unserer
Wiese.
Jeden Morgen
sammelt in der
Morgensonne
der Löwe
seine Zähne
ein paar bleiben übrig
für seine nicht geborenen
Brüder

Papiertüten
erfüllen
mit ihrem Hohlraum
ein Stück vom Park

Trantüten
haben
Melodien
die nur
die Mücken
verstehen

Fische
jung schwärmen
durch glitzerndes Wasser
tragen das Glitzern
quer durchs Meer

Zwei Hände voll Sand
räuspert sich der Sturm
und wirft sich
in die Welt

Etwas läuft den Berg herab
träumt die Träume der Menschen
unten zerschellt es und wird
ein Baum eine Blume

Wildes Bienenvolk
sammelt Honig
in seinem eigenen Stock
Süße für hundert
Jahre

Turmfalken wohnen im Schloß
das für Menschen
Museum ist

Am Berg sitzen
am Hügel
getragen
von der aufgebäumten
Erde

Zergliedern die Welt
die Menschen
fügen sie wieder zusammen
die Kinder

Blatt an Blatt
rühren sie sich
groß wird der Baum
durch
diese Berührung

Efeuträume
ranken
durch mein Leben
bedecken die Nächte
mit Licht

Eine Straße
liegt nahe
ich spüre ihre Steine

Der Tee dampfte in der Tasse. Sie trank Schluck für
Schluck. Und die Tasse leerte sich.
Die Nacht draußen war fern, aber das Licht des
Mondes lag im Zimmer.
Nur wenig von ihr entfernt lag es auf dem
Fußboden.
Sie streckte die Hand aus. Berührte das Mondlicht.
Legte die Hand dann auf den Boden, und das
Mondlicht berührte nun sie. Lag auf ihrer Hand. Es
war nicht kalt, das Licht. Sie zog ihre Hand wieder
zurück.
Die Tasse stand leer auf dem Fußboden, nur ein
Stückchen vom Lichtstreifen entfernt.
Bald würde das Mondlicht auf seiner Wanderung
auch sie berühren.

Ich aber Erde
werde neu entstehen

Jeder Weg (Vier Aufbruchstexte)

(1)
Aufbruch aus dem Ausweglosen
Weglosen in ihm einen Weg finden
den einzigen der leuchtet schon seit ewig in mir.
(2)
Aufbruch in dem Ausweglosen nicht mehr
gefangen fühlen
Aufrichten die Kraft fühlen
zum Leben. Den Weg gehen. Den einzigen.
der trägt zu Gott.
(3)
Aufbruch ist Aufbrechen
auf brechen Die Schalen die mich umgeben
und losfliegen Hinauf in die Kraft.
(4)
Es ist egal welchen Weg ich gehe sie führen alle
zu Gott. Nur manche erfordern mehr Mut
und die führen
tiefer in die Welt.

Fluß
fließender
in dir findet sich
die Welt
nicht nur
gespiegelt

Übergroß stehe ich neben dir
ich die Kleine
wie Gewitterwolken
schwebe ich über dir
und will donnern
Gleich.

Figuren.
Ein Leben ist in ihnen
verholzt.
Altes Holz.
Das Leben in ihnen
ist alt.

Hinter den Dingen lebe ich.
Im Dunkeln.
Und ich bin doch
das Licht.
in den Dingen.
Niemals erscheine ich.
Aber immer
bin ich sichtbar.
Ich bin selbst
was ist
und bin doch nur
das
was hinter den Dingen
ist.

Kugelgroß
durchmeß ich
Räume
nehme auf
das Leben
was dort atmet
wo man
wirklich
nichts mehr sieht
doch es ist nur
Licht zerborsten
deshalb atmet
alles dort
und ich kugel weiter

Das Land der Winde

Im Land der Winde
treffen sich die Winde

aus Ost und West
aus Nord und Süd
und alle fremden Winde

Sie sitzen am Tisch
und brausen
Einer dem Anderen
ihre Geschichten ins Ohr

Im Land der Winde.

Auf Knopfdruck

Die Zivilisation
spuckt aus
Licht
Geld
Rosen
Die Welt

Ich stehe
Und singe ein Lied

Der Nebel reißt
und überall ist Regen.
Auf fährt der Wind
und treibt die Tropfen
höher in die Bäume.
Neugierig
zerstäubt der Wind
die Blüten
einer roten Blume.
Dann zieht er weiter.

Nebel
zieht sich über das Rot.

Balken
die tragen das Haus
stützen die Steine
liegen quer zu sich selbst.
Bäume
tragen das Haus.

Kunst und Hahn

Ein Denkmal für den Hahn
Er kräht und weckt den Schlaf in uns.
Den brauchen wir.
Der Hahn weckt unsre Träume.

Tauben auf der Straße
Sie fliegen auf
wenn Sonne sie trifft.

Eine Ahnung von Zimt

Scharf schmeckte es. Nein, das war keine Qualität.
Er spuckte aus. Die nächste Nuß schmeckte süßlich,
dazu leicht herb und wie mit einer Ahnung von
Zimt, sie zerging auf der Zunge, schluckte sich von
ganz allein. Ganz köstlich. Einfach ein sinnliches
Vergnügen.
"Die ist es", sagte er. "Packen sie mir von diesen
hier ein. Und ich bestelle hundert Sträucher."
„Sehr wohl." Der Händler schrieb etwas auf.
Dann blickte er auf: "Hundert Sträucher werden
geliefert morgen früh zwischen neun und zehn Uhr."
Er verbeugte sich leicht vor dem Reichen.
Der nickte dem Händler kurz zu und ging zum
nächsten Stand.
Nein, hier interessierte ihn nichts. Feigen hatte er
genug.
Nun ist es wohl auch genug für heute.
Er strich sich mit den Händen über die Augen.
Der schale Geschmack der Nuß war noch immer
nicht weg.
Und er sehnte sich danach, noch eine Nuß zu essen,
um den schalen Geschmack loszuwerden.

Das war ja ein Verkaufshit!
Er kicherte und fragte sich, ob hundert Sträucher
reichen würden.
Dann schlumpte er, müde vom Geld verdienen, vom
Marktplatz.

Offenes Tor
ein leuchtender Weg
der hinter mir liegt

Menschen laufen durch die Stadt
zerstreuen ihre Worte
über das Pflaster
Später wachsen daraus
Blumen

In nassen Netzen
klebt noch die Nacht

doch auch die Sterne
sind mit im Boot der müden Fischer

in den Herzen
der toten Fische.

(Die Zeilen eins und zwei stammen von
Peter Huchel.)

Das Geheimnis der Sanduhr

Die Sanduhr war aus blauem Glas.

Schon über hundert Jahre zeigte sie dem Zauberer die Zeit an. Jetzt kam sie langsam in die Jahre und der Zauberer überlegte, wo er eine neue Sanduhr herbekommen sollte, die so genau ging, wie die blaue, deren Sand jetzt immer langsamer und langsamer lief und die dadurch die Zeit immer langsamer vergehen ließ.

Der Zauberer wußte, daß die meisten anderen Zauberer ihre Sanduhren in einer Höhle des höchsten Berges der Welt, des Mount Everest, kauften. Tief in ihm war eine Höhle, und dort wohnte der Sanduhrmeister, der auch gleichzeitig Zeitmeister war.

Der baute die Sanduhren und gab ihnen die Zeit mit, jede bekam die Zeit, die ihr am meisten entsprach. Dazu saß der Zeitmeister manchmal wochenlang und die glas-frischgeblasene Sanduhr vor sich auf dem Tisch, im Zeitkabinett, und lauschte in den Raum, in der er mit der Sanduhr saß.

Es war ein Raum, groß wie eine Höhle, mit guter Akustik, denn er mußte die Zeitschwingungen genau hören, die von der
Sanduhr ausgingen.
Und deshalb saß er auch tief im Berg, damit keine anderen Zeitschwingungen dazwischen kamen, denn die Erde ist ja voll davon.
Nur, wenn er genau lauschte, fand er irgendwo auf der Welt den richtigen Sand, mit dem er die Sanduhr befüllen konnte und mit dem er der Sanduhr ihre Zeit mitgab, Wenn er nicht den richtigen Sand traf, wenn sie nicht mit ihren Zeitschwingungen übereinstimmte, dann ging für den Besitzer alles schief, das ganze Leben, und es traf ihn Unglück über Unglück.
Alles kam dem im Leben durcheinander, dem eine schlecht besandete Sanduhr gehörte.
Der Zeitmeister und Sanduhrenbauer in der Höhle tief im Mount Everest aber baute sehr genaue Sanduhren.
Nie hatte der Zauberer gehört, daß jemanden ein zeitliches Unglück traf, der eine der Sanduhren dieses Zeitmeisters besaß.
Ja, er würde dort seine neue Sanduhr kaufen.

Es gab noch einen anderen guten Sanduhrenbauer:
im Meer, aber da hatte er seine blaue Sanduhr her.
Jetzt wollte er eine haben, die im Berg gebaut
worden war.

Das hatte ja auch Auswirkungen.

An Vielem, was er zauberte, entdeckte er, wenn er
richtig hinsah, etwas, was mit Wasser oder dem
Meer zu tun hatte.

Das war spannend, manchmal natürlich lästig. Meist
aber freute er sich, wenn er, manchmal nach langer
Zeit erst, das „Wasserzeichen" fand. So nannte er für
sich die Kleinigkeit, die ihm bei den meisten seiner
Zaubereien

zeigte, wo seine Sanduhr herkam.-

Also stieg er auf seinen Wunderesel und wollte los,
die neue Sanduhr besorgen.

Aber der Esel bewegte sich nicht von der Stelle.

„Los Esel, benimm dich nicht wie ein Esel."

Der Esel schnaubte.

„Ich will nicht!" schrie er dann.„Aber ich will!"
sagte der Zauberer, stieg ab und versuchte,
den Esel aus dem Stall zu schieben.

„Ich will nicht!" schrie der noch mal.

„Wie soll ich dann zum Sanduhrenberg kommen! Ich muß mich beeilen, bald ist meine Sanduhr abgelaufen."

„Na und? Ich will nicht!" Der Esel wurde immer bockiger. Er fing sogar schon an, wortlos zu schreien.Wie ein normaler Esel schrie er.

Betroffen setzte dich der Zauberer auf die Futterkiste.

„Was ist denn mit dir los?" fragte er den Esel.

Der Esel antwortete nicht, wedelte bloß mit dem Schwanz umher.

Dann drehte er sich auf einmal um.

„Das weißt du ganz genau. siebzehn Jahre sind jetzt bald wieder um und ich muß von der blauen Blume fressen, die „noch-hinter-Indien" wächst."

„Nein!" Der Zauberer sah den Esel an.

„Nein! Das schaffen wir nicht. Die Sanduhr ist bald abgelaufen und du weißt, was dann passiert."

Der Esel ruderte langsam mit den Ohren in der Luft umher.

„Aber du weißt auch, was passiert, wenn ich meine Blume nicht fresse, bevor die siebzehn Jahre um sind."

„Ja", sagte der Zauberer. „Das weiß ich. Aber was machen wir denn da?"

„Ganz einfach. Entweder, ich fresse meine Blume nicht und du löst dich in Luft auf-"

„Ich löse mich doch nicht in Luft auf!"

Der Esel sah ihn an. Dann fing er noch mal an.

„Entweder, ich fresse meine Blume nicht und du löst dich in Luft auf, weil du ohne mich nicht zum Berg und nirgendwohin...-"

„Oder?" fragte der Zauberer schnell.

„Oder-", der Esel sah ihn an. „Oder: Ich fresse meine Blume und bleibe ein Esel und werde kein kreischendes fliegendes Getier, so eine dämliche Elster-"

„Das ist noch gar nicht erwiesen! Vielleicht wirst du auch etwas anderes."

Der Esel nickte.

„Ja, ich weiß nicht, was passiert, wenn ich die Blume nicht fresse. Aber ich will ein Esel bleiben. Dein Esel auch noch. Also laß dir etwas einfallen. Ich will dein Esel bleiben. Du sollst dich nicht in Luft auflösen-"

Der Zauberer holte tief Luft, sagte aber nichts.

„Na los", sagte der Zauberer dann.

„Egal, was wir jetzt tun,

-in jedem Fall

werde ich zu Schall.- Das reimt sich sogar." Der Zauberer kicherte. „Vielleicht sollte ich Dichter werden, wenn ich doch sowieso nur noch Stimme sein werde."

Der Esel schüttelte traurig den Kopf.

„Jetzt wird er auch noch verrückt! Los Zauberer! setzt dich auf mich. Ich will zu meiner Blume."

Der Zauberer setzte sich auf den Esel, berührte ihn mit seiner Zaubergerte und wollte gerade den Zauberspruch sagen, da schrie der Esel laut.

Der Zauberer ließ die Zaubergerte fallen.

„Mensch, Esel, was ist denn in dich gefahren. Ich denke, wir haben es eilig."

Ärgerlich stieg er vom Rücken und bückte sich.

„Hast du an die Sanduhr gedacht?" fragte der Esel.

„Wenn ich das richtig verstanden habe, geht die Zeit der Sanduhr schon langsamer als die übrige Zeit. Da mußt du sie schon mitnehmen. Sonst gibt es ein heilloses Durcheinander und du kommst nicht mehr in deine eigene Sanduhrzeit zurück."

Der Zauberer hatte die Gerte in der Hand.

„Rudolf-!" So hieß der Esel, deshalb sagte der Zauberer immer Esel zum Esel.

„Rudolf", sagte der Zauberer also feierlich.

„Rudolf, du mußt deine Blume bekommen, egal, was passiert. Du mußt der Esel bleiben, der du bist." Er umarmte den Esel.

„Du hast mir soeben das Leben gerettet."

„Und mir die Blume. Nun mach schon. Hol endlich deine Uhr."

Der Zauberer stand im nächsten Moment mit der Uhr in der Hand da.

Der Esel schloß die Augen und öffnete sie.

„Das ging aber schnell."

„Ja, nun los-los!" Der Zauberer sprang auf den Rücken, berührte den Esel mit der Zaubergerte, murmelte den Zauberspruch, und der Esel konnte aus dem Stall galoppieren und den Himmelsweg hinauf und wählte die Straße über den Wolken. So dauerte es nicht lange und sie waren bei der Blumenwiese angelangt, auf der allerlei Zauberblumen wuchsen.

Der Zauberer stieg ab und ließ den Esel nach der Blume schnüffeln.

„Hier, hier! Ich habe sie gefunden", rief der Esel dem Zauberer zu. Und erschrak. Der Zauberer war fast durchsichtig.

„Oh nein! Oh nein!" Der Esel fing an zu weinen.

„Friß endlich deine Blume", rief der Zauberer.

„Sonst sind wir umsonst hierhergekommen."

Der Esel schnüffelte noch einmal an der Blume und aß vorsichtig das erste Blatt ab. Er mußte langsam fressen.

Sonst konnte die Blume nicht in ihm wirken.

So stand er da, schnüffelte an der Blume und aß langsam Blütenblatt um Blütenblatt, dann aß er den Kelch und zum Schluß Stiel und grüne Blätter.

Die Wurzel ließ er im Boden.

In ungefähr zehn Jahren würde es hier eine neue blaue Blume geben, die er oder ein anderer Esel fressen könnte.

Damit sie Esel bleiben konnten und nicht etwa ein Mensch oder ein Frosch oder etwas Anderes werden mußten.

Jeden Gedanken an den Zauberer verbannte er und jeden anderen Gedanken auch, denn er mußte ganz den Geschmack und den

Geschmack der Blume spüren, sonst würde irgendetwas an ihm sich schon verwandeln in das, was er geworden wäre, wenn er

die Blume jetzt nicht gefressen hätte.

Als er fertig war, lauschte er in sich hinein.

Alles in Ordnung. Er blieb ein vollständiger Esel.

Vor Freude tat er einen Luftsprung.

Dann sah er zum Zauberer hin. Er sah noch mal hin.

Der Zauberer war nicht mehr da!

Oder doch!- da war ja noch die Sanduhr aus blauem Glase.

In Höhe des Herzens. Da wo der Esel das Zauberer-Herz vermutete, sah er die blaue Sanduhr.

Als er näher trat, sah er auch die Schuhe des Zauberers, noch war es nicht zu spät.

Aber schnell! Es mußte jetzt schnell gehen.

Der Zauberer sprang auf den Esel.

Die Zauberrute, für den Esel unsichtbar, berührte ihn, er hörte die Zauberworte murmeln- das war nicht mehr die Stimme des Zauberers.

Es war der Zauberer, der fast schon Stimme geworden war.

Der Esel schauderte. Und rannte los.

Rannte.

Rannte.

Rannte.

In der Ferne sah er schon den Berg, aber die Stimme, die hinten auf ihm saß, erinnerte kaum noch an den Zauberer.

Schnell rannte er. Ganz schnell.

Merkte nur noch seinen eigenen Atem.

Als er endlich in der Höhle stand, war es zu spät.

Kein Schuh war mehr da, kein Zauberer und auch die Sanduhr war verschwunden.

Da weinte der Esel.

Der Sanduhrmacher und Zeitmeister blickte von seinen Sanduhren auf.

„Du kommst zu spät", sagte er. „Ist es so?"

Der Esel nickte und weinte laut i-aend.

„Jetzt möchtest du kein Esel mehr sein, weil du nicht der Esel des Zauberers mehr sein kannst."

Der Esel schrie noch lauter.

Und weil der Esel so laut schrie, nahm seine Stimme eine Gestalt an, eine, die niemand sehen konnte, weil sie nur Ton war.

In dem Maße, wie sie Gestalt annahm, verlor der Zauberer seine Stimmgestalt und wurde wieder sichtbar.

Er hielt die Sanduhr immer noch an sein Herz.

Der Sanduhrmeister riß eine Sanduhr vom Regal, sprang zum Zauberer und drückte sie gegen seine Brust, beide Sanduhren
berührten sich.

Da fiel die blaue in die ausgestreckte Hand des Sanduhrmeisters.

Die rote hielt der Sanduhrmeister dem Zauberer weiter dicht an die Brust.

Der Zauberer hob langsam die Hand und legte sie auf die rote Sanduhr.

Nun hielt er sie selbst und es war seine eigene Zeit, die die Sanduhr jetzt anzeigte.

Der Zeitmeister konnte die rote Sanduhr loslassen und trat zurück.

Setzte sich auf seinen Stuhl zurück und stellte die Sanduhr aus blauem Glas auf den Tisch.

Er sah einmal kurz hin.

„Drei Sandkörnchen noch, und alle Verbindung zum Körper wäre gerissen."

„Aber..." Der Zauberer streckte die Hand aus, vorsichtig.

Er berührte den Esel. Dann sich selbst an der Wange. Am Arm.

„Aber was ist denn jetzt los?

Ich war doch eben noch...-" Er überlegte. „Ich war doch eben noch ...irgendwo... " Er räusperte sich.

„Ich war hier. Aber eben..."

„Versuche nichts zu erklären. Das geht nicht. Jetzt bist du wieder hier."

„Ja", sagte der Zauberer. „Jetzt bin ich...- wieder hier."

Er faßte noch einmal an die Wange.

Dann sah er den Esel an.

„Wieso bist du denn hier?

Mir war so, als hätte ich dich eben, als ich zurückkam...- mir ist so, als hätte ich dich gesehen."

Er sah den Esel an.

„Hm...oder irgendwas von dir." Er überlegte.-"Irgendwas kam mir entgegen, was mich an dich erinnerte."

Der Sanduhrmacher schob die Sanduhr mit den letzten drei Sandkrümeln auf ein Regal, auf dem lauter Sanduhren standen, die alle fast leer waren.

Er sah auf die blaue Sanduhr.

Dann wischte er sich über die Stirn, immer noch sah er die Sanduhren an, in denen nur noch ein paar Krümchen Sand waren.

„Wenn jemand auf dem Weg in die Unsichtbarkeit ist, kann jemand anders, der ihn liebt, ihm seine Stimme geben, die wird dann Stimmgestalt und geht dann statt dessen in das Land, wo es nur Töne gibt. Und der, der fast unsichtbar wurde, kann zurückkehren und hier weiterleben. Ich selbst-"

In dem Augenblick plautzte es gewaltig.

Erschrocken drehte sich der Zeitmeister um.

Der Esel war zusammengebrochen.

„So schnell ist er gelaufen, um mir zu helfen. Und so sehr hat er um mich geweint." Der Zauberer bückte sich zum Esel.

Der Zeitmeister ging zu einer Tür und öffnete sie.

„Jetzt braucht er was zu essen, der Esel. Und du auch."

Der Zauberer merkte auf einmal, wie hungrig er war.

„Kommt beide mit, ich lade euch ein, bei mir zu essen. Ich kenne das, man braucht nach so etwas gut zu essen."

Beide halfen dem Esel auf die Beine und stützten ihn. So gingen die drei in das Nebenzimmer. Dort war der Tisch reichlich

gedeckt. Lange und genüßlich aßen sie.

Und gestärkt standen sie vom Tisch auf, der Esel, der Zauberer und der Sanduhrbauer.

Sie waren Freunde geworden.

Zauberer und Esel verabschiedeten sich vom Sanduhrmacher.

Der Zeitmeister winkte ihnen lange nach.

Auf dem Rückweg ließen sie sich Zeit. Sprachen über dies und das.

Einmal blieb der Esel stehen.

„Jetzt bin ich also ein Künstler", sagte er.

Der Zauberer schüttelte den Kopf.

Der Esel sagte: „Doch, ich habe meine Stimme gegeben und dich vor der Unsichtbarkeit gerettet. Das machen doch nur Künstler.-"

„Das habe ich gelesen", fügte er hinzu.

Der Zauberer schüttelte den Kopf.

„Weißt du, Esel, du bist wirklich ein ganz schöner Esel."

Der Esel nickte mit dem Kopf.

„Genau", sagte er.

Dann trottete er weiter.

Farben zerschmettern
in meinen Händen
werden zu
Bildern
eh sie zerstäuben

Mecklenburg im Jahr 2009, Dorothea Reinecke